씨앗 톡톡 과학 그림책 6

긴긴 겨울잠에 폭 빠진 동물들

초판 1쇄 발행 2015년 9월 25일
초판 11쇄 발행 2025년 11월 27일

글 미셸 프란체스코니
그림 카퓌신 마질
옮김 이정주

펴낸곳 도서출판 개암나무(주)
펴낸이 김보경
경영관리 총괄 김수현   **경영관리** 배정은 조영재
편집 조원선 김소희 오은정 이혜인   **디자인** 이은주   **마케팅** 이기성
출판등록 2006년 6월 16일   제22-2944호

주소 서울특별시 용산구 한남대로40길 19, 4층(한남동, JD빌딩) (우)04417
전화 (02)6254-0601, 6207-0603   **팩스** (02)6254-0602   **E-mail** gaeam@gaeamnamu.co.kr
개암나무 블로그 http://blog.naver.com/gaeamnamu   **개암나무 카페** http://cafe.naver.com/gaeam

COMME DES MARMOTTES
written by Michel Francesconi and illustrated by Capucine Mazille
copyright © Les Editions du Ricochet, Nice, 2014
Korean Translation Copyright © GAEAMNAMU Publishing CO., Ltd., 2015
All rights reserved.
This Korean edition was published by arrangement with
Les Editions du Ricochet (Nice) through Bestun Korea Agency co., Seoul.

이 책의 한국어판 저작권은 베스툰 코리아 에이전시를 통한 저작권자와의 독점 계약으로 개암나무㈜에 있습니다.
저작권법에 의해 한국 내에서 보호를 받는 저작물이므로 무단 전재와 무단 복제를 금합니다.

ISBN 978-89-6830-188-9 74400
     978-89-6830-100-1 (세트)

이 도서의 국립중앙도서관 출판시도서목록(CIP)은 서지정보유통지원시스템 홈페이지(http://seoji.nl.go.kr)와
국가자료공동목록시스템(http://www.nl.go.kr/kolisnet)에서 이용하실 수 있습니다. (CIP제어번호: CIP2015022228)

품명 아동 도서 | **제조년월** 2025년 11월 27일 | **사용연령** 7세 이상
제조자명 개암나무(주) | **제조국명** 대한민국 | **전화번호** 02-6254-0601
주소 서울시 용산구 한남대로40길 19, 4층(한남동, JD빌딩)

긴긴 겨울잠에 푹 빠진 동물들

미셸 프란체스코니 글 카퓌신 마질 그림 이정주 옮김

개암나무

겨울이 되면 기온이 많이 떨어지고 눈이 와요.
동물들은 이런 날씨 속에서 먹이를 찾기가 어려워요.
심지어 살아남기조차 힘들지요.
계절의 변화에 맞춰 살아갈 방법을 찾아야 해요.
그래서 어떤 새들은 따뜻한 나라를 찾아 날아가요.

붉은 청설모

겨울잠쥐

땅에서 사는 동물들 중 몇몇은 **겨울잠**을 자요.
추운 겨울에 적응하여 살아가기 위해서이지요.
겨울잠을 자는 동물들은 거의 활동을 하지 않아요.
돌아다니거나 잘 움직이지 않는다는 거예요.

살아 있다는 것은 **에너지**를 소비하는 활동이에요.

에너지는 먹이를 먹으면 생기고, 몸을 움직이면 없어져요.

그런데 겨울이 되면 먹을 것이 부족해져서 에너지를 얻기가 힘들어요.

그래서 동물들은 먹이를 덜 먹고, 덜 움직이는 쪽으로 발달했어요.

겨우내 쿨쿨 잠을 자기로 한 거예요!
마르모트, 다람쥐, 고슴도치, 박쥐, 들쥐, 안경겨울잠쥐,
줄무늬스컹크와 같은 동물들이 겨울잠을 잔답니다.

줄무늬스컹크

겨울잠을 자는 동안에는 먹을 것을 구하러 다닐 수가 없어요.
그래서 겨울이 되기 전에 먹이를 잔뜩 먹어 몸속에 저장해요.
자는 동안에도 숨을 쉬고 조금씩 움직여야 하므로 적게나마 에너지가 필요하거든요.
동물들은 여름 내내 열매와 씨앗, 곤충 따위를 먹고 또 먹어요.

마르모트

그렇게 먹다 보면 순식간에 살이 포동포동 찐답니다.
두 달 동안 몸무게가 두 배 정도 늘지요.

겨울잠을 자기 전에 우적우적 먹기만 하는 것은 아니에요.

잠잘 곳도 미리미리 준비한답니다.

첫눈이 내리기 전에 땅속에 굴을 파고, 필요한 것들을 갖춰 놓아요.

고슴도치

마르모트는 땅을 파고, 푹신하게 짚을 깔아요.

고슴도치는 나뭇잎과 잔가지를 쌓고 그 밑으로 들어가지요.

땅다람쥐는 나무 구멍에 들어가요.

모두 모두 보금자리로 몸을 숨겨요. 겨울이 쳐들어오니까요!

어느새 눈이 펄펄 내리고, 겨울바람이 쌩쌩 불기 시작해요.
이제 동물들은 몸을 웅크리고, 서로 바싹 붙어서 긴긴 잠을 잔답니다.
모두들 꽃 피는 계절이 되어야 보금자리 밖으로 나올 거예요.

동물들은 에너지를 아껴 쓰기 위해 **체온**을 낮춰요.
체온을 유지하는 데에도 에너지가 쓰이거든요.
보통 때 마르모트의 체온은 37도이지만, 겨울잠을 잘 때는 5~8도가 내려가요.

박쥐

심장 박동 수가 줄어드는 동물도 있어요.

역시 에너지를 덜 쓰기 위해서지요.

박쥐의 경우 1분에 500번 뛰던 심장 박동이 12번으로 줄어들어요.

심장 박동 심장이 주기적으로 오므라졌다 부풀었다 하는 운동.

도롱뇽

에너지를 아껴 쓰려고 **호흡**도 느려져요.
가장 오랫동안 숨을 쉬지 않는 동물은 고슴도치예요.
한 시간 동안 숨을 쉬지 않아도 괜찮아요!

동물들은 겨울잠을 자는 동안 꿈을 꾸지 않아요.
뇌에서 아무런 활동이 일어나지 않으니까요.
마치 혼수상태에 빠진 것처럼 보인답니다.

혼수상태 부르거나 흔들어 깨워도 정신을 차릴 수 없고, 어떤 반응도 없는 상태.

동물들이 계속 잠만 자냐고요? 그렇지 않아요.
어떤 동물은 몸을 조금 움직여 오줌을 누기도 해요.
먹이를 깨작깨작 먹기도 하고요.
하지만 이내 피곤해져서 다시 깊은 잠에 빠져요.
동물들이 이따금씩 깨는 건, 더 잘 자기 위해서예요!
그렇게 여러 날이 지나요…….

들쥐

곰도 겨울잠을 자는 동물로 알려져 있어요.
겨울이 되면, 잠을 자러 굴에 들어가니까요.
하지만 조심해야 해요. 곰은 깊이 잠들지 않아요!
잠을 얕게 자기 때문에 자주 깨고, 때때로 새끼를 낳기도 해요.
잠을 자는 동안 몸의 기능이 크게 달라지지도 않아요.
다만 에너지를 아끼기 위해 활동이 아주 느려질 뿐이지요.
어쨌거나 곰도 오소리나 너구리처럼 겨울잠을 자는 동물이에요.

갈색곰

오소리는 땅속 굴에서, 너구리는 나무의 빈 구멍에서 겨울잠을 자요.
날씨가 조금 풀리면 잠깐씩 보금자리 밖으로 나오기도 하지요.

비버는 오랫동안 보금자리에서만 머물러요.
보금자리를 아주 튼튼하게 짓거든요.

오소리

겨울잠을 자는 동물들은 또 있어요.

쏙독새는 겨울 내내 둥지 속에 몸을 웅크리고 자요.

얼음으로 뒤덮인 북극의 바닷속에서 겨울잠을 자는 물고기도 있어요.

쏙독새

개구리, 도마뱀, 도롱뇽, 거북이, 달팽이와 뱀도 겨울에는 모든 활동을 멈춰요.
주변 온도에 따라 체온이 변하는 변온 동물*의 경우
날씨가 추워져서 기온이 뚝 떨어지면 체온도 같이 떨어져요.
심지어 몸이 꽁꽁 얼어붙기도 한답니다!

변온 동물 체온을 조절하는 능력이 없어서 바깥 온도에 따라 체온이 변하는 동물.
물고기, 개구리, 도롱뇽, 뱀 등이 있다.

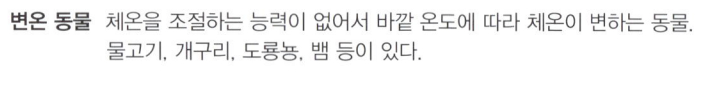

캐나다숲개구리는 얼어붙은 강물 속에서 얼어 있다가
날이 풀려 얼음이 녹으면 몸도 같이 녹아요.

숲개구리

거북이는 땅에 구멍을 파서 들어가고,

개구리는 진흙 속에서 잠을 자요.

뱀은 바위틈에 똬리를 틀지요.

도롱뇽은 동굴이나 축축한 구덩이 속으로 사라져요.

부르고뉴달팽이는 땅에 작게 구멍을 파서 들어간 다음,

두꺼운 마개를 만들어 구멍을 막아요.

공기는 조금 통하게 해 놓고요.

다른 동물에게 잡아먹힐 염려는 없답니다.

달팽이를 잡아먹는 고슴도치도 겨울잠을 자니까요!

자, 드디어 눈이 녹아요!
추위가 풀리고 새싹이 돋아나기 시작해요.
뱀은 똬리를 풀고 스르륵 기지개를 켜요.
등딱지 속에 잔뜩 웅크렸던 거북이는 저린 발을 내디뎌 엉금엉금 기고,
개구리는 한결 따뜻해진 공기를 들이마셔요.

겨울잠쥐

안경겨울잠쥐

황금망토땅다람쥐

잠에서 깨어난 동물들은 체온이 올라가고,
몸의 기능이 제자리를 찾아요.
느려졌던 심장 박동 수가 빨라지고, 숨도 열심히 쉬지요.
동물들은 모두 비썩 말랐어요.
몇 달 동안 겨울잠을 자면서 에너지를 다 써 버렸거든요.

어서 에너지를 얻어야 해요.

다들 식사를 하러 서둘러 보금자리를 나선답니다.

이제 또다시 부지런히 움직여야 할 계절이 되었으니까요!

긴긴 겨울잠 따라잡기

겨울잠은 동물들이 추운 겨울에 살아남기 위한 생존 전략이에요. 철새처럼 따뜻한 나라로 떠날 수 없는 몇몇 동물들이 겨울잠을 선택했어요. 살아간다는 것은 호흡, 심장 박동, 두뇌 활동, 소화 작용과 같은 몸의 기능을 유지하기 위해 에너지를 소비하는 거예요. 에너지는 음식물을 먹고 몸속에서 이루어지는 물질대사를 통해 생기지요. 바깥 기온이 영하로 뚝 떨어지면 체온을 보통 때와 같이 유지하는 데에 더 많은 에너지가 필요해요. 그러면 더 많이 먹어야 하지만 겨울에는 먹을 것이 거의 없어요. 그래서 덜 먹고 에너지를 덜 쓰려고 하는데 거기에 딱 알맞은 것이 잠을 자는 것이지요.

겨울잠을 잘 때 어떤 동물은 체온이 5~8도가량 내려가요. 심장 박동 수와 호흡수도 평소보다 훨씬 떨어지고요. 몸의 기능이 에너지를 아끼기 위해 완전히 달라지는 거예요. 살아 있기 위해 필요한 최소한의 에너지는 날이 추워지기 전에 몸속에 저장해 둔 지방에서 끌어다 써요.

물질대사 음식 등 영양 물질을 섭취하여 몸을 이루고, 살아가는 활동에 사용하며, 필요하지 않은 물질은 몸 밖으로 내보내는 작용.

겨울잠을 자는 동물은 혼수상태에 빠진 것과 같아요. 2003년에 과학자들이 아주 놀라운 발견을 했어요. 겨울잠을 자고 있는 쥐와 같은 작은 동물의 뇌를 연구해 보니, 알츠하이머병을 앓는 인간의 뇌와 무척 비슷했지요. 동물들은 겨울잠에서 깨어나면 뇌의 활동이 정상으로 돌아오지만 병에 걸린 인간의 뇌는 그렇지 못해요. 만일 겨울잠을 자는 동물의 뇌가 어떻게 다시 제 기능을 되찾는지 밝혀낸다면 알츠하이머병을 치료하는 방법도 찾을 수 있을지 몰라요. 겨울잠을 자는 동물들에게는 밝혀지지 않은 수수께끼가 남아 있어요. 예를 들어 어떤 동물은 겨울잠을 자는 동안에도 규칙적으로 아주 짧게 잠을 깨요. 이때는 물질대사가 정상으로 돌아와서 에너지를 많이 쓰게 돼요. 그럼 왜 이렇게 깨어나는 걸까요? 과학자들은 동물의 몸이 '녹슬지 않도록' 잠깐씩 깨는 것으로 짐작해요. '작은 공장'과 같은 몸의 각 기관들이 '작동하는 법'을 완전히 잊으면 안 되니까요.

알츠하이머병 정확한 원인을 알 수 없이 뇌가 우그러져 기억력과 인지 능력이 떨어지는 병.

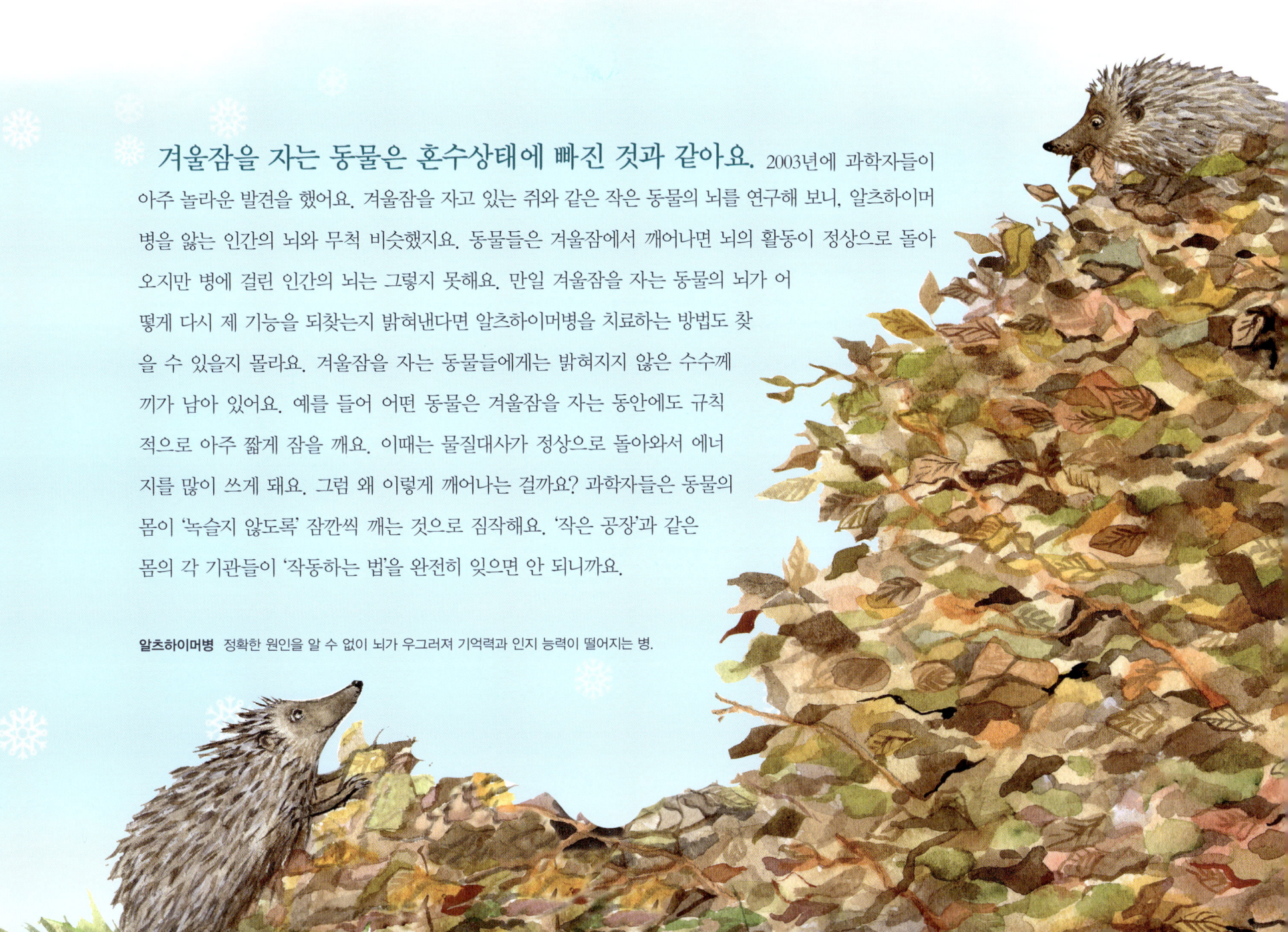

무턱대고 겨울잠을 자러 가는 건 아니에요! 몇 달 동안 한자리에서 잠을 자려면 편안하고 아늑한 곳을 마련해야 해요. 특히 다섯 달이나 겨울잠을 자는 동물들에게는 보금자리가 정말 중요하지요. 어떤 동물들은 땅속에 굴을 파고, 지하 통로를 만들어요. 또 다른 동물들은 빈 나무 구멍이나 동굴, 바위틈을 찾아 들어가지요. 그리고 잠잘 곳을 준비하면서 동시에 영양분을 충분히 섭취해요. 쉴 새 없이 먹어 대는 거지요.

　겨울잠을 잔다고 해서 내내 잠만 자는 것은 아니에요! 예를 들어 곰은 겨울잠을 자지만, 깊이 자지 않아요. 몸의 기능도 보통 때와 크게 달라지지 않고요. 그저 속도가 조금 느려질 뿐이지요. 좀 더 오래 자고, 덜 먹고, 덜 움직여요. 날이 덜 추울 때는 굴 밖으로 나오기도 한답니다.

겨울잠을 자는 동물들은 어떻게 잠에서 깰까요? 체온이 떨어졌던 동물들은 날이 따뜻해지면 체온이 올라가고, 자연스레 잠이 깨요. 곰처럼 체온 변화가 거의 없는 동물도 있는데, 이런 동물의 몸속에는 자명종과 같은 생체 시계가 들어 있다고 봐요. 그것이 어떻게 작동하는지는 아직까지 다 밝혀지지 않았어요.

동물들의 겨울잠에 대한 연구는 갈수록 활발해지고 있어요. 사람도 겨울잠을 자는 동물처럼 뇌의 활동을 멈추고, 체온을 낮출 수 있다면 까다로운 수술을 할 때 도움이 될 거예요. 체온을 18도까지 낮추면 피의 흐름이 멎어 피 한 방울 내지 않고 수술을 할 수도 있어요. 우주 탐사에도 활용할 수 있답니다. 긴 시간 비행해야 하는 경우 겨울잠을 잔다면, 비행을 하는 동안 필요한 음식과 산소의 양을 줄일 수 있을 테니까요. 그래서 과학자들은 동물들이 살아가는 특별한 방법인 겨울잠을 꾸준히 연구하고 있답니다.

글 미셸 프란체스코니

1959년 프랑스 니스에서 태어났습니다. 소설과 시집을 출간했고, 어린이를 위해 고전 문학을 각색했습니다. 쓴 책으로《설탕》,《하늘 길 따라 훨훨 나는 철새》,《통째로 빙빙 돌고 도는 태양계》등이 있습니다.

그림 카퓌신 마질

1953년 네덜란드에서 태어났습니다. 화가인 아버지의 영향으로 어렸을 때부터 색연필과 붓을 가까이 했습니다. 헤이그 왕립 아카데미에서 미술을 공부한 뒤, 프랑스로 건너가 남편을 만났고 세 아이와 함께 프랑스 오트 사부아 지방에서 살고 있습니다. 유머를 좋아하며, 시와 동화에서 영감을 받아 수채화를 그리고 있습니다. 수십 년 동안 프랑스뿐 아니라 이탈리아, 네덜란드에서 작품 전시회를 열었고 캐나다, 미국, 프랑스 등 세계 여러 나라의 어린이 책에 그림을 그리고 있습니다.
그린 책으로는《괴물들의 알파벳》,《동물 풀 뜯어먹는 소리는 와작와작》,《하늘 길 따라 훨훨 나는 철새》 등이 있습니다.